化工园区安全风险排查治理导则（试行）

应急管理部

应 急 管 理 出 版 社

· 北 京 ·

图书在版编目（CIP）数据

化工园区安全风险排查治理导则：试行／应急管理部制定. --北京：应急管理出版社，2019

ISBN 978-7-5020-7685-6

Ⅰ.①化…　Ⅱ.①应…　Ⅲ.①化学工业—工业园区—安全管理—风险管理　Ⅳ.①F407.7

中国版本图书馆 CIP 数据核字(2019)第 182311 号

化工园区安全风险排查治理导则（试行）

制　　定　应急管理部
责任编辑　闫　非　罗秀全　刘晓天
责任校对　赵　盼
封面设计　王　滨

出版发行　应急管理出版社（北京市朝阳区芍药居 35 号　100029）
电　　话　010-84657898（总编室）　010-84657880（读者服务部）
网　　址　www. cciph. com. cn
印　　刷　中煤（北京）印务有限公司
经　　销　全国新华书店

开　　本　850mm×1168mm $^{1}/_{32}$　**印张**　$1^{1}/_{8}$　**字数**　16 千字
版　　次　2019 年 9 月第 1 版　2019 年 9 月第 1 次印刷
社内编号　20192849　　**定价**　8.00 元

应急管理部关于印发《化工园区安全风险排查治理导则（试行）》和《危险化学品企业安全风险隐患排查治理导则》的通知

应急〔2019〕78号

各省、自治区、直辖市应急管理厅（局），新疆生产建设兵团应急管理局，有关中央企业：

为认真贯彻落实党中央、国务院关于危险化学品安全生产工作的决策部署，深刻吸取江苏响水“3·21”特别重大爆炸事故教训，深入排查化工园区和危险化学品企业安全风险，提高化工园区和危险化学品企业安全管理水平，有效防范危险化学品重特大安全事故，保护人民群众生命财产安全，应急管理部组织制定了《化工园区安全风险排查治理导则（试行）》和《危险化学品企业安全风险隐患排查治理导则》（以下简称两个导则），现印发给你们，请认真贯彻执行，并提出如下要求：

一、各级应急管理部门和有关中央企业要注重实效，采取集中培训、专家讲座等多种形式，全面开展宣传教育培训，指导化工园区和危险化学品企业熟练掌握有关要求，深入开展危险化学品安全风险精准化排查评估。

二、各化工园区和危险化学品企业要主动学习、认真研究，对照两个导则要求，完善安全风险隐患排查治理制度，落实安全风险排查治理主体责任，建立安全风险隐患排查长效机制；要以防范化解危险化学品重大安全风险为核心，不断提升安全保障能力和水平，坚决遏制重特大事故。

三、各级应急管理部门要持续跟踪、及时收集、准确掌握、认真研究辖区内化工园区和危险化学品企业安全风险排查治理情况，按照“一园一策”“一企一策”原则，采取针对性措施，及时排查整治事故隐患，坚决管控好重大安全风险。对安全风险等级为 A 类的化工园区，原则上不得新、改、扩建危险化学品建设项目，并责令其限期整改提升，有效降低安全风险；对安全风险等级为 B 类的化工园区，要统筹考虑，从企业规模、社会可接受风险和安全距离等方面认真审查，原则上要限制新、改、扩建危险化学品建设项目；对存在重大事故隐患且短期难以整改的危险化学品企业，要挂牌督办并依法责令停产停业整顿整改，经整改仍达不到安全生产条件的，要依法吊销安全生产许可证。

附件：

1. 化工园区安全风险排查治理导则（试行）

2. 危险化学品企业安全风险隐患排查治理导则

应急管理部

2019 年 8 月 12 日

目　　次

化工园区安全风险排查治理导则(试行)

1 总则

1.1 目的

为全面排查化工园区安全风险，规范化工园区建设和安全管理，系统提升化工园区本质安全水平，增强化工园区安全应急保障能力，防范危险化学品重特大安全事故，依据《安全生产法》《危险化学品安全管理条例》等有关法律法规和标准规范，制定本导则。

1.2 适用范围

本导则适用于化工园区的安全风险排查治理。

1.3 基本原则

1.3.1 科学规划，合理布局。

坚持产业集聚、布局集中、用地集约和安全环保的原则，规范化工园区的设立和选址，严格规划区域功能，优化安全布局，完善公用工程配套和安全保障设施。

1.3.2 严格准入，规范管理。

坚持严格准入，严禁不符合安全生产标准规范和不成熟工艺的危险化学品建设项目入园。坚持一体化管理，提升化工园区应急保障能力，规范建设和安全管理。

1.3.3 系统排查，重点整治。

全面排查化工园区安全风险，突出对系统性安全风险的整治，提升本质安全水平，避免多米诺效应，防范危险化学品重特大安全事故，实现化工园区整体安全风险可控。

2 设立

2.1 化工园区应整体规划、集中布置，化工园区内不应有居民居住。

2.2 化工园区应符合国家、区域、省和设区的市产业布局规划要求，在城乡总体规划确定的建设用地范围之内，符合国土空间规划。

2.3 化工园区的设立应经省级及以上人民政府认定，负责园区管理的当地人民政府应明确承担园区安全生产和应急管理职责的机构。

3 选址及规划

3.1 化工园区应位于地方人民政府规划的专门用于危险化学品生产、储存的区域，符合化工园区所在地区化工行业安全发展规划。

3.2 化工园区选址应把安全放在首位，进行选址安全评估，化工园区与城市建成区、人口密集区、重要设施等防护目标之间保持足够的安全防护距离，留有适当的缓冲带，将化工园区安全与周边公共安全的相互影响降至风险可以接受。

3.3 化工园区应编制《化工园区总体规划》和《化工园区产业规划》，《化工园区总体规划》应包含安全生产和综合防灾减灾规划章节。

3.4 化工园区安全生产管理机构应至少每5年开展1次化工园区整体性安全风险评估，评估安全风险，提出消除、降低、管控安全风险的对策措施。

3.5 化工园区安全生产管理机构应依据化工园区整体性安全风险评估结果和相关法规标准的要求，划定化工园区周边土地规划安全控制线，并报送化工园区所在地设区的市级和县级地方人民政府规划主管部门、应急管理部门。

3.6 化工园区所在地设区的市级和县级地方人民政府规划主管部门应严格控制化工园区周边土地开发利用，土地规划安全控制线范围内的开发建设项目应经过安全风险评估，满足安全风险控制要求。

4 园区内布局

4.1 化工园区应综合考虑主导风向、地势高低落差、企业装置之间的相互影响、产品类别、生产工艺、物料互供、公用设施保障、应急救援等因素，合理布置功能分区。劳动力密集型的非化工企业不得与化工企业混建在同一化工园区内。

4.2 化工园区行政办公、生活服务区等人员集中场所与生产功能区应相互分离，布置在化工园区边缘或化工园区外；消防站、应急响应中心、医疗救护站等重要设施的布置应有利于应急救援的快速响应需要，并与涉及爆炸物、毒性气体、液化易燃气体的装置或设施保持足够的安全距离。

4.3 化工园区整体性安全风险评估应结合国家有关法律法规和标准规范要求，评估化工园区布局的安全性和合理性，对多米诺效应进行分析，提出安全风险防范措施，降低区域安全风险，避免多米诺效应。

4.4 在安全条件审查时，危险化学品建设项目单位提交的安全评价报告应对危险化学品建设项目与周边企业的相互影响进行多米诺效应分析，优化平面布局。

5 准入和退出

5.1 化工园区应严格根据《化工园区总体规划》和《化工园区产业规划》，制定适应区域特点、地方实际的《化工园区产业发展指引》和“禁限控”目录。

5.2 化工园区的项目准入应有利于形成相对完整的“上中下游”产业链和主导产业，实现化工园区内资源的有效配置和充分利用。

5.3 化工园区内危险化学品建设项目应由具有相关工程设计资质的单位设计；涉及“两重点一重大”

（重点监管的危险化学品、重点监管的危险化工工艺，危险化学品重大危险源）装置的专业管理人员原则上应具有大专以上学历、操作人员原则上应具有高中以上文化程度，企业特种作业人员应持证上岗，并建设身份识别系统，加强对证件有效性和特种作业人员身份的管理。

5.4　化工园区内凡存在重大事故隐患、生产工艺技术落后、不具备安全生产条件的企业，责令停产整顿，整改无望的或整改后仍不能达到要求的企业，应依法予以关闭。

5.5　化工园区应建立健全企业、承包商准入和退出机制，建立黑名单制度。

6　配套功能设施

6.1　化工园区供水水源应充足、可靠，建设统一集中的供水设施和管网，满足企业和化工园区配套设施生产、生活、消防用水的需求。化工园区附近有天然水源的，应设置供消防车取水的消防车道和取水码头。

6.2　化工园区应能保障双电源供电。供电应满足化工园区各企业和化工园区配套设施生产、生活及应急用电需求，电源可靠。

6.3　化工园区公用管廊应满足《化工园区公共管廊管理规程》（GB/T 36762）要求。

6.4　化工园区应严格管控运输安全风险，运用物联网等先进技术对危险化学品运输车辆进出进行实时监控，实行专用道路、专用车道和限时限速行驶等措施，由化工园区实施统一管理、科学调度，防止安全风险积聚。有危险化学品车辆聚集较大安全风险的化工园区应建设危险化学品车辆专用停车场并严格管理。

6.5 化工园区应按照“分类控制、分级管理、分步实施”要求，结合产业结构、产业链特点、安全风险类型等实际情况，分区实行封闭化管理，建立完善门禁系统和视频监控系统，对易燃易爆、有毒有害化学品和危险废物等物料、人员、车辆进出实施全过程监管。

6.6 化工园区应按照有关法律法规和国家标准规范对产生的固体废物特别是危险废物全部进行安全处置，必要时建设配套的固体废物特别是危险废物集中处置设施，并实行专业化运营管理，充分利用信息化等手段对危险废物种类、产生量、流向、贮存、处置、转移等全链条的风险实施监督和管理。

6.7 化工园区应配套建设满足化工园区需要、符合安全环保要求的污水处理设施；合理分析和估算安全事故废水量，根据需求规划建设公共的事故废水应急池，确保化工安全事故发生时能满足废水处置要求。

7 一体化安全管理及应急救援

7.1 化工园区应实施安全生产与应急一体化管理，

建立健全行业监管、协同执法和应急救援的联动机制，协调解决化工园区内企业之间的安全生产重大问题，统筹指挥化工园区的应急救援工作，指导企业落实安全生产主体责任，全面加强安全生产和应急管理工作。

7.2　化工园区管委会应配备具有化工专业背景的负责人，并建立化工园区管委会领导带班制度；根据企业数量、产业特点、整体安全风险状况，配备满足安全监管需要的人员，其中具有相关化工专业学历或化工安全生产实践经历的人员或注册安全工程师的人员数量不低于安全监管人员的75%。

7.3　化工园区应按照国家有关要求，制定安全风险分级管控制度，定期对化工园区内企业进行安全风险分级，加强对红色、橙色安全风险的分析、评估、预警。

7.4　化工园区应建设安全监管和应急救援信息平台，构建基础信息库和风险隐患数据库，至少应接入企业重大危险源（储罐区和库区）实时在线监测监控相关数据、关键岗位视频监控、安全仪表等异常报警数据，实现对化工园区内重点场所、重点设施在线实时监测、动态评估和及时自动预警；要建立园区三维倾斜摄影模型，在平台中实时更新园区建设边界、园区内企业边界及分布等基础信息；化工园区应将接入数据上传至省、市级应急管理部门。

7.5　化工园区安全生产管理机构应制定总体应急

预案及专项预案，并至少每2年组织1次安全事故应急演练。

7.6 化工园区应编制化工园区消防规划，消防站布点应根据化工园区面积、危险性、平面布局等因素综合考虑，参照不低于《城市消防站建设标准》中特勤消防站的标准进行建设，消防车种类、数量、结构以及车载灭火药剂数量、装备器材、防护装具等应满足安全事故处置需要。化工园区应建设危险化学品专业应急救援队伍；根据自身安全风险类型和实际需求，配套建设医疗急救场所和气防站。

7.7 化工园区应建立健全化工园区内企业及公共应急物资储备保障制度，统筹规划配备充足的应急物资装备。

7.8 化工园区应加强对台风、雷电、洪水、泥石流、滑坡等自然灾害的监测和预警，并落实有关灾害的防范措施，防范因自然灾害引发危险化学品次生灾害。

8 特殊条款

8.1 按照本导则《化工园区安全风险排查治理检查表》(见附件）对化工园区进行评分，60分以下（不含60分）为高安全风险（A类)，60~70分（不含70分）为较高安全风险（B类)，70~85分（不含85分）为一般安全风险（C类)，85分及以上为较低安全风险(D类)。

8.2　化工园区存在以下情况，直接判定为高安全风险（A类）：

（1）化工园区规划不符合当地总体规划要求或未明确四至范围（四至范围是指东西南北四个方向的边界）；

（2）化工园区未经依法认定；

（3）化工园区未明确安全管理机构；

（4）化工园区外部安全防护距离不符合标准要求；

（5）化工园区内部布局不合理，企业之间存在重大风险叠加或失控；

（6）化工园区内存在在役化工装置未经具有相应资质的单位设计且未通过安全设计诊断的企业；

（7）化工园区内存在涉及危险化工工艺的特种作业人员未取得高中或者相当于高中及以上学历的企业。

附录　定义和术语

下列定义和术语适用于本导则。

1　化工园区

依法设立的用于专门发展化工产业的工业区或集中区。

2　防护目标

受化工园区危险化学品安全事故影响，化工园区外可能发生人员伤亡、财产损失的设施或场所。

3　多米诺效应

化工园区内一个企业的危险源发生安全事故时可能会引起其他企业的危险源也相继发生安全事故，从而造成更大安全事故的现象。

4　土地规划安全控制线

为预防和减缓化工园区危险化学品潜在安全事故（火灾、爆炸、泄漏等）对化工园区外防护目标的影响，用于限制化工园区周边土地开发利用的控制线。

附件　化工园区安全风险排查治理检查表

序号	要素	排查内容	评分标准	分值 E_i
1	设立（15分）	（1）化工园区应整体规划、集中布置，化工园区内不应有居民居住	0分—无整体规划或化工园区内有居民居住； 1分—整体规划，但未集中布置； 5分—符合要求	
		（2）化工园区应符合国家、区域、省和设区产业布局规划要求，在城乡总体规划确定的建设用地范围之内，符合国土空间规划	0分—不符合国家、区域、省和设区的市产业布局规划要求或不在城乡总体规划确定的建设用地范围之内或不符合国土空间规划； 5分—符合要求	

附件（续）

序号	要素	排查内容	评分标准	分值 E_i
1	设立（15分）	（3）化工园区的设立应经省级及以上人民政府认定，负责园区管理的当地人民政府应明确承担园区安全生产和应急管理职责的机构	0分—未经省级及以上人民政府认定，或未明确承担园区安全生产和应急管理职责的机构； 5分—符合要求	
2	选址及规划（30分）	（4）化工园区应位于地方人民政府规划的专门用于危险化学品生产、储存的区域，符合化工园区所在地区化工行业安全发展规划	0分—化工园区未位于危险化学品的生产、储存规划区域或不符合化工园区所在地区化工行业安全发展规划； 5分—符合要求	
		（5）化工园区选址应把安全放在首位，进行选址安全评估，化工园区与城市建成区、人口密集区、重要设施等防护目标之间保持足够的安全防护距离，留有适当的缓冲带，将化工园区安全与周边公共安全的相互影响降至风险可以接受	0分—未进行选址安全评估或化工园区与城市建成区、人口密集区、重要设施等防护目标之间安全防护距离不满足要求； 1分—进行了选址安全评估，化工园区与城市建成区、人口密集区、重要设施等防护目标之间安全防护距离满足要求；缓冲带小于200m（不含200m）；	

附件（续）

序号	要素	排查内容	评分标准	分值 E_i
2	选址及规划（30分）	（5）化工园区选址应把安全放在首位，进行选址安全评估，化工园区与城市建成区、人口密集区、重要设施等防护目标之间保持足够的安全防护距离，留有适当的缓冲带，将化工园区安全与周边公共安全的相互影响降至风险可以接受	3分—进行了选址安全评估，化工园区与城市建成区、人口密集区、重要设施等防护目标之间安全防护距离满足要求；缓冲带200~500m（不含500m）； 5分—进行了选址安全评估，化工园区与城市建成区、人口密集区、重要设施等防护目标之间安全防护距离满足要求；缓冲带大于等于500m	
		（6）化工园区应编制《化工园区总体规划》和《化工园区产业规划》，《化工园区总体规划》应包含安全生产和综合防灾减灾规划章节	0分—未编制《化工园区总体规划》和《化工园区产业规划》或《化工园区总体规划》无安全生产和综合防灾减灾规划章节； 5分—符合要求	

附件（续）

序号	要素	排查内容	评分标准	分值 E_i
2	选址及规划（30分）	（7）化工园区安全生产管理机构应至少每5年开展1次化工园区整体性安全风险评估，评估安全风险，提出消除、降低、管控安全风险的对策措施	0分—未按照规定要求开展化工园区整体性安全风险评估； 5分—符合要求	
		（8）化工园区安全生产管理机构应依据化工园区整体性安全风险评估结果和相关法规标准的要求，划定化工园区周边土地规划安全控制线，并报送化工园区所在地设区的市级和县级地方人民政府规划主管部门、应急管理部门	0分—未设置化工园区周边土地规划安全控制线； 1分—设置了化工园区周边土地规划安全控制线，但未报送； 5分—符合条件	
		（9）化工园区所在地设区的市级和县级地方人民政府规划主管部门应严格控制化工园区周边土地开发利用，土地规划安全控制线范围内的开发建设项目应经过安全风险评估，满足安全风险控制要求	0分—土地规划安全控制线内的开发项目未经过安全风险评估，不满足安全风险控制要求； 5分—符合要求	

附件（续）

序号	要素	排查内容	评分标准	分值 E_i
3	园区内布局（20分）	（10）化工园区应综合考虑主导风向、地势高低落差、企业装置之间的相互影响、产品类别、生产工艺、物料互供、公用设施保障、应急救援等因素，合理布置功能分区。劳动力密集型的非化工企业不得与化工企业混建在同一园区内	0分—劳动力密集型的非化工企业与化工企业混建在同一化工园区内； 1分—功能分区未严格执行国家相关标准，功能分区不合理； 5分—符合要求	
		（11）化工园区行政办公、生活服务区等人员集中场所与生产功能区应相互分离，布置在化工园区边缘或化工园区外；消防站、应急响应中心、医疗救护站等重要设施的布置应有利于应急救援的快速响应需要，并与涉及爆炸物、毒性气体、液化易燃气体的装置或设施保持足够的安全距离	0分—行政办公、生活服务区等人员集中场所与生产功能区未相互分离，或消防站、应急响应中心、医疗救护站等重要设施的布置不能满足应急救援的快速响应需要； 1分—行政办公、生活服务区等人员集中场所与生产功能区相互分离，但未布置在化工园区边缘或化工园区外；消防站、应急响应中心、医疗救护站等重要设施的布置满足应急救援的快速响应需要，但受涉及	

附件（续）

序号	要素	排查内容	评分标准	分值 E_i
3	园区内布局（20分）	（11）化工园区行政办公、生活服务区等人员集中场所与生产功能区应相互分离，布置在化工园区边缘或化工园区外；消防站、应急响应中心、医疗救护站等重要设施的布置应有利于应急救援的快速响应需要，并与涉及爆炸物、毒性气体、液化易燃气体的装置或设施保持足够的安全距离	爆炸物、毒性气体、液化易燃气体的装置或设施影响，未采取有效防护措施； 3分—行政办公、生活服务区等人员集中场所与生产功能区相互分离，且布置在化工园区边缘或化工园区外；消防站、应急响应中心、医疗救护站等重要设施的布置满足应急救援的快速响应需要，但受涉及爆炸物、毒性气体、液化易燃气体的装置或设施影响，采取了有效防护措施； 5分—符合要求	
		（12）化工园区整体性安全风险评估应结合国家有关法律法规和标准规范要求，评估化工园区布局的安全性和合理性，对多米诺效应进行分析，提出安全风险防范措施，降低区域安全风险，避免多米诺效应	0分—未进行多米诺效应分析； 1分—进行了多米诺效应分析，但未对化工园区布局的安全性和合理性提出意见，未提出安全风险防范措施； 5分—符合条件	

附件（续）

序号	要素	排查内容	评分标准	分值 E_i
3	园区内布局（20分）	（13）在安全条件审查时，危险化学品建设项目单位提交的安全评价报告应对危险化学品建设项目与周边企业的相互影响进行多米诺效应分析，优化平面布局	0分—危险化学品建设项目安全评价报告未进行多米诺效应分析； 1分—危险化学品建设项目安全评价报告进行了多米诺效应分析，对优化平面布局未提出建议措施； 5分—符合要求	
4	准入和退出（25分）	（14）化工园区应当严格根据《化工园区总体规划》和《化工园区产业规划》，制定适应区域特点、地方实际的《化工园区产业发展指引》和“禁限控”目录	0分—未制定《化工园区产业发展指引》或“禁限控”目录； 1分—《化工园区产业发展指引》和“禁限控”目录未明确产业目录、产业类别、生产能力、工艺水平等关键指标； 5分—符合要求	
		（15）化工园区的项目准入应有利于形成相对完整的“上中下游”产业链和主导产业，实现化工园区内资源的有效配置和充分利用	0分—近5年化工园区的准入项目与化工园区“上中下游”产业链和主导产业无关；	

附件（续）

序号	要素	排 查 内 容	评 分 标 准	分值 E_i
4	准入和退出（25分）	（15）化工园区的项目准入应有利于形成相对完整的“上中下游”产业链和主导产业，实现化工园区内资源的有效配置和充分利用	1分—近5年化工园区的准入项目与化工园区“上中下游”产业链和主导产业有一定关联性； 5分—符合要求	
		（16）化工园区内危险化学品建设项目应由具有相关工程设计资质的单位设计；涉及“两重点一重大”装置的专业管理人员必须具有大专以上学历、操作人员必须具有高中或者相当于高中及以上文化程度，企业特种作业人员应持证上岗	0分—化工园区内危险化学品建设项目未由具有相关工程设计资质的单位设计或涉及“两重点一重大”装置的专业管理人员不具有大专以上学历或操作人员不具有高中或者相当于高中及以上文化程度或特种作业人员未持证上岗； 5分—符合要求	
		（17）化工园区内凡存在重大事故隐患、生产工艺技术落后、不具备安全生产条件的企业，责令停产整顿，整改无望的或整改后仍不能达到要求的企业，应依法予以关闭	0分—存在重大事故隐患、生产工艺技术落后、不具备安全生产条件的企业，责令停产整顿，整改无望或整改后仍不能达到要求的企业； 5分—符合要求	

附件（续）

序号	要素	排查内容	评分标准	分值 E_i
4	准入和退出（25分）	（18）化工园区应建立健全企业、承包商准入和退出机制，建立黑名单制度	0分—化工园区未建立企业、承包商准入和退出机制或未建立黑名单制度； 1分—化工园区建立了企业、承包商准入和退出机制，建立了黑名单制度，但未有效运行并考核； 5分—符合要求	
5	配套功能设施（35分）	（19）化工园区供水水源应充足、可靠，建设统一集中的供水设施和管网，满足企业和化工园区配套设施生产、生活、消防用水的需求。化工园区附近有天然水源的，应设置供消防车取水的消防车道和取水码头	0分—供水不能满足企业和化工园区配套设施生产、生活、消防用水的需求； 1分—供水水源充足、可靠，但化工园区未建设统一集中的供水设施和管网； 3分—供水水源充足、可靠，建设了统一集中的供水设施和管网，但附近有天然水源但未设置供消防车取水的消防车道和取水码头； 5分—符合要求	

附件（续）

序号	要素	排查内容	评分标准	分值 E_i
5	配套功能设施（35分）	（20）化工园区应能保障双电源供电。供电应满足化工园区各企业和化工园区配套设施生产、生活和应急用电需求，电源可靠	0分—供电不满足保障双电源供电； 5分—符合条件	
		（21）化工园区公用管廊应满足《化工园区公共管廊管理规程》(GB/T 36762）要求	0分—未建设公用管廊； 1分—建有公用管廊，但未按照《化工园区公共管廊管理规程》(GB/T 36762）要求建设； 5分—符合要求	
		（22）化工园区应严格管控运输安全风险，运用物联网等先进技术对危险化学品运输车辆进出进行实时监控，实行专用道路、专用车道和限时限速行驶等措施，由化工园区实施统一管理、科学调度，防止安全风险积聚。有危险化学品车辆聚集较大安全风险的化工园区应建设危险化学品车辆专用停车场并严格管理	0分—未运用物联网等先进技术对危险化学品运输车辆进出进行实时监控，或有危险化学品车辆聚集较大安全风险的化工园区未建设危险化学品车辆专用停车场；	

附件（续）

序号	要素	排 查 内 容	评 分 标 准	分值 E_i
5	配套功能设施（35分）	（22）化工园区应严格管控运输安全风险，运用物联网等先进技术对危险化学品运输车辆进出进行实时监控，实行专用道路、专用车道和限时限速行驶等措施，由化工园区实施统一管理、科学调度，防止安全风险积聚。有危险化学品车辆聚集较大安全风险的化工园区应建设危险化学品车辆专用停车场并严格管理	3分—运用物联网等先进技术对危险化学品运输车辆进出进行实时监控，但未实行专用道路、专用车道和限时限速行驶等措施，由化工园区实施统一管理、科学调度，防止安全风险积聚；有危险化学品车辆聚集较大安全风险的化工园区建设了危险化学品车辆专用停车场，但未对危险化学品车辆专用停车场进行严格管理； 5分—符合要求	
		（23）化工园区应按照“分类控制、分级管理、分步实施”要求，结合产业结构、产业链特点、安全风险类型等实际情况，分区实行封闭化管理，建立完善门禁系统和视频监控系统，对易燃易爆、有毒有害化学品和危险废物等物料、人员、车辆进出实施全过程监管	0分—未按照“分类控制、分级管理、分步实施”的要求实行化工园区封闭化管理或未建立门禁系统和视频监控系统； 1分—实行化工园区封闭化管理但未建立门禁系统和视频监控系统；	

附件（续）

序号	要素	排查内容	评分标准	分值 E_i
5	配套功能设施（35分）	（23）化工园区应按照“分类控制、分级管理、分步实施”要求，结合产业结构、产业链特点、安全风险类型等实际情况，分区实行封闭化管理，建立完善门禁系统和视频监控系统，对易燃易爆、有毒有害化学品和危险废物等物料、人员、车辆进出实施全过程监管	3分—实施封闭化管理并建立门禁系统和视频监控系统，但未对易燃易爆、有毒有害化学品和危险废物等物料、人员、车辆进出实施全过程监管； 5分—符合要求	
		（24）化工园区应按照有关法律法规和国家标准规范对产生的固体废物特别是危险废物全部进行安全处置，必要时建设配套的固体废物特别是危险废物集中处置设施，并实行专业化运营管理，充分利用信息化等手段对危险废物种类、产生量、流向、贮存、处置、转移等全链条的风险实施监督和管理	0分—未按照有关法律法规和国家标准规范要求，对产生的固体废物特别是危险废物全部进行安全处置； 3分—对产生的固体废物特别是危险废物全部进行安全处置，但未充分利用信息化等手段对危险废物种类、产生量、流向、贮存、处置和转移等全链条的风险实施监督和管理； 5分—符合要求	

附件（续）

序号	要素	排查内容	评分标准	分值 E_i
5	配套功能设施（35分）	（25）化工园区应配套建设满足化工园区需要、符合安全环保要求的污水处理设施；合理分析和估算安全事故废水量，根据需求规划建设公共的事故废水应急池，确保在安全事故发生时能满足废水处置要求	0分—化工园区污水处理设施不满足化工园区需要或不符合安全环保要求；或未对化工园区安全事故废水进行合理分析和估算；或估算后，在化工园区安全事故发生时不能满足事故废水处置要求，未采取措施； 5分—符合要求	
6	一体化安全管理及应急救援（40分）	（26）化工园区应实施安全生产与应急一体化管理，建立健全行业监管、协同执法和应急救援的联动机制，协调解决化工园区内企业之间的安全生产重大问题，统筹指挥化工园区的应急救援工作，指导企业落实安全生产主体责任，全面加强安全生产和应急管理工作	0分—未实施安全生产与应急一体化管理； 5分—符合要求	

附件（续）

序号	要素	排 查 内 容	评 分 标 准	分值 E_i
6	一体化安全管理及应急救援（40分）	（27）化工园区管委会应配备具有化工专业背景的负责人，并建立化工园区管委会领导带班制度；根据企业数量、产业特点、整体安全风险状况，配备满足安全监管需要的人员，其中具有相关化工专业学历或化工安全生产实践经历的人员或注册安全工程师的人员数量不低于安全监管人员的75%	0分—未配备具有相关化工专业学历或化工安全生产实践经历的人员或注册安全工程师等专业监管人员；或化工园区管委会未配备具有化工专业背景的负责人； 1分—配备了具有相关化工专业学历或化工安全生产实践经历的人员或注册安全工程师等专业监管人员但比例低于75%；或未建立化工园区管委会领导带班制度； 5分—符合要求	
		（28）化工园区应按照国家有关要求，制定安全风险分级管控制度，对化工园区内企业进行安全风险分级，加强对红色、橙色安全风险的分析、评估、预警	0分—未按照国家有关要求，对化工园区内企业进行安全风险分级，并制定安全风险分级管控制度，对红色、橙色安全风险的分析、评估、预警； 5分—符合要求	

附件（续）

序号	要素	排查内容	评分标准	分值 E_i
6	一体化安全管理及应急救援（40分）	（29）化工园区应建设安全监管和应急救援信息平台，构建基础信息库和风险隐患数据库，至少应接入企业重大危险源（储罐区和库区）实时在线监测监控相关数据、关键岗位视频监控、安全仪表等异常报警数据，实现对化工园区内重点场所、重点设施在线实时监测、动态评估和及时自动预警；要建立园区三维倾斜摄影模型，在平台中实时更新园区建设边界、园区内企业边界及分布等基础信息；化工园区应将接入数据上传至省、市级应急管理部门	0分—未建设平台； 1分—建设了平台，但只有基础信息数据库，未接入其他相关数据； 3分—建设了平台且能实现预警功能； 5分—符合要求	
		（30）化工园区应制定总体应急预案及专项预案，并至少每2年组织1次安全事故应急救援演练	0分—未制定总体应急救援预案及专项预案或未按要求组织安全事故应急救援演练； 5分—符合要求	

附件（续）

序号	要素	排查内容	评分标准	分值 E_i
6	一体化安全管理及应急救援（40分）	（31）化工园区应编制化工园区消防规划，消防站布点应根据化工园区面积、危险性、平面布局等因素综合考虑，参照不低于《城市消防站建设标准》中特勤消防站的标准进行建设，消防车种类、数量、结构以及车载灭火药剂数量、装备器材、防护装具等应满足安全事故处置需要。化工园区应建设危险化学品专业应急救援队伍；根据自身安全风险类型和实际需求，配套建设医疗急救场所和气防站	0分—未建设化工园区消防站； 1分—建设了化工园区消防站但未按照《城市消防站建设标准》中特勤消防站的标准进行建设；或未建有危险化学品专业应急救援队伍；或配备的消防设备设施不满足事故处置需要； 5分—符合要求	
		（32）化工园区应建立健全化工园区内企业及公共应急物资储备保障制度，统筹规划配备充足的应急物资装备	0分—未建立企业及公共应急物资储备保障制度，统筹规划配备充足的应急物资装备； 5分—符合要求	

附件（续）

序号	要素	排查内容	评分标准	分值 E_i
6	一体化安全管理及应急救援（40分）	（33）化工园区应加强对台风、雷电、洪水、泥石流、滑坡等自然灾害的监测和预警，并落实有关灾害的防范措施，防范因自然灾害引发危险化学品次生灾害	0分—未对台风、雷电、洪水、泥石流、滑坡等自然灾害监测和预警； 3分—对台风、雷电、洪水、泥石流、滑坡等自然灾害监测和预警但未落实有关灾害的防范措施； 5分—符合要求	
7	分值汇总	—	—	

评分说明：

1. 评分时，对各项排查内容按照各自对应的评分标准逐一进行评分。
2. 评分按照0-1-3-5评分制，其中：0分表示不符合标准要求，1分表示与标准要求偏差较大，3分表示与标准要求存在部分偏差，5分表示符合标准要求；对具有二元选择性的排查内容，只设5分或0分。
3. 采用百分制进行评分，实际分值按如下公式计算：

附件（续）

序号	要素	排 查 内 容	评 分 标 准	分值 E_i

$$Z = \frac{\sum_{i=1}^{n} E_i}{165} \times 100$$

式中　Z—化工园区实际分值；

E_i—单项排查内容分值。

4. 化工园区存在以下情况，直接判定为高安全风险（A类）：

（1）化工园区规划不符合当地总体规划要求或未明确四至范围（四至范围是指东西南北四个方向的边界）。

（2）化工园区未经依法认定。

（3）化工园区未明确安全管理机构。

（4）化工园区外部安全防护距离不符合标准要求。

（5）化工园区内部布局不合理，企业之间存在重大风险叠加或失控。

（6）化工园区内存在在役化工装置未经具有相应资质的单位设计且未通过安全设计诊断的企业。

（7）化工园区内存在涉及危险化工工艺的特种作业人员未取得高中或者相当于高中及以上学历的企业。